AF588305

La migración del charrán ártico

Grace Hansen

Abdo Kids Jumbo es una subdivisión de Abdo Kids
abdobooks.com

abdobooks.com

Published by Abdo Kids, a division of ABDO, P.O. Box 398166, Minneapolis, Minnesota 55439.

Abdo Kids Jumbo™ is a trademark and logo of Abdo Kids.

Printed in China

052024

092024

Spanish Translator: Maria Puchol

Photo Credits: iStock, National Geographic Image Collection, Shutterstock

Production Contributors: Teddy Borth, Jennie Forsberg, Grace Hansen
Design Contributors: Dorothy Toth, Pakou Moua

Library of Congress Control Number: 2023950222

Publisher's Cataloging-in-Publication Data

Names: Hansen, Grace, author.

Title: La migración del charrán ártico/ by Grace Hansen

Other title: Arctic tern migration. Spanish

Description: Minneapolis, Minnesota: Abdo Kids, 2025. | Series: La migración animal | Includes online resources and index

Identifiers: ISBN 9798384901990 (lib.bdg.) | ISBN 9798384902553 (ebook)

Subjects: LCSH: Arctic tern--Juvenile literature. | Birds--Behavior--Juvenile literature. | Flyways—Juvenile literature. | Animal migration--Juvenile literature. | Animal migration--Climatic factors—Juvenile literature. | Spanish language materials--Juvenile literature.

Classification: DDC 598.252--dc23

Contenido

El charrán ártico

El charrán ártico se llama así porque nace en el Ártico.

Los charranes árticos son unos pequeños y asombrosos pájaros. Hacen la más larga de las **migraciones** de todo el mundo animal.

Los charranes árticos **se reproducen** por todo el Ártico. Anidan en **colonias** con frecuencia cerca de las costas.

Los charranes ponen de 1 a 3 huevos. Después de salir del cascarón, los padres alimentan a los polluelos alrededor de un mes. Poco tiempo después, los polluelos aprenderán la técnica de la **inmersión profunda** para poder conseguir alimento.

La migración más larga del mundo

Los charranes árticos pasan de uno a tres meses en sus nidos. Durante ese tiempo los pequeños cogen fuerza. En agosto o septiembre comienza su largo viaje al sur hacia la **Antártida**.

el Ártico
N
W
E
S
la Antártida

¡El charrán ártico vuela hasta 57,000 millas al año (92,000 km)! Como la mayoría de los animales, **migran** en busca de alimento. También evitan los duros inviernos en el Ártico.

Estas aves permanecen en la **Antártida** hasta 5 meses. Pasan su tiempo alimentándose en las aguas del Antártico.

En sus **migraciones** desde y hacia su casa de invierno, hacen paradas. Comen y descansan durante estas paradas. Esto les da fuerzas para continuar con sus largos vuelos.

La vuelta a casa

Los charranes árticos vuelven a casa en mayo o junio. La mayoría de ellos vuelven al mismo sitio cada año.

Rutas migratorias del charrán ártico

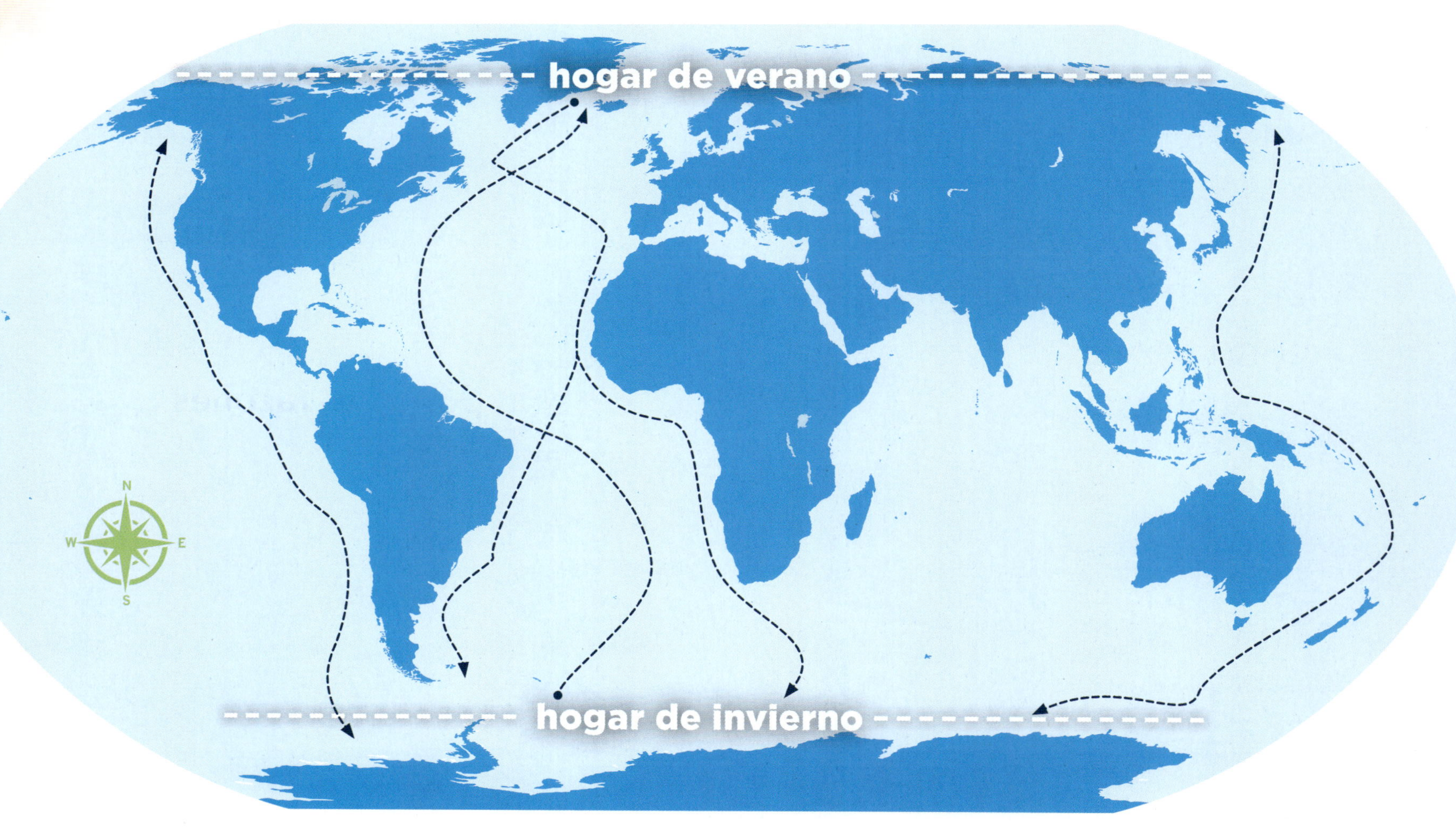

rutas

Glosario

Antártida – continente que rodea el Polo Sur.

colonia – grupo de animales de la misma especie que conviven estrechamente.

inmersión profunda – técnica de las aves pescadoras para conseguir alimento. Pescan peces y otros animales acuáticos.

migración – acción o proceso migratorio.

migrar – desplazarse de un lugar a otro por el clima, para buscar alimento o por otras razones importantes.

reproducirse – tener crías.

Índice

¡Visita nuestra página **abdokids.com** para tener acceso a juegos, manualidades, videos y mucho más!

Los recursos de internet están en inglés.

Usa este código Abdo Kids

AAK2286

¡o escanea este código QR!